Schule macht Spaß

Schulgeschichten für Erstleser

Der verhexte Schulranzen

Das lustige Hexen-ABC

Schulgeschichten

Leserabe

1. Lesestufe

Katja Königsberg

Der verhexte Schulranzen

Mit Bildern von Stephan Pricken

Ravensburger Buchverlag

Inhalt

Das fremde Mädchen

Marie ist auf dem Weg zur Schule.
Sie trödelt ein bisschen.
Ihr Ranzen ist schwer.

Jetzt kommt sie an die große Kreuzung.

Die Ampel zeigt Rot.

Die Autos sausen vorbei.

Neben Marie steht ein anderes Mädchen
in einem langen, bunten Kleid.
Es trägt weder Strümpfe noch Schuhe.

Will das Mädchen auch zur Schule?
Ach nein, es hat ja gar keinen Ranzen!
Es hat nur einen großen Korb
voll schöner Blumen am Arm.

Marie mustert das Mädchen.
Das Mädchen mustert Marie.

Die Ampel zeigt immer noch Rot.
Trotzdem rennt das Mädchen los.
Marie packt es am Arm und ruft:
„He, spinnst du? Bleib stehen!“

Ein blaues Auto saust hupend vorbei.
Der Fahrer schimpft durch das Fenster.
Beinahe wäre das fremde Mädchen
unter die Räder gekommen!

Jetzt lacht es erleichtert
und schüttelt Marie dankbar die Hand.

Die Ampel zeigt endlich Grün.
Marie und das fremde Mädchen
gehen Hand in Hand über die Straße.

Auf der anderen Seite sagt Marie:
„Tschüss, du! Ich muss in die Schule."
„Ich weiß", sagt das Mädchen
und lächelt Marie freundlich an.

Es nimmt eine Blume aus seinem Korb
und berührt damit Maries Ranzen.

Dann hüpft es eilig davon.
Es winkt noch einmal und ruft:
„Tschüss, Marie!
Viel Spaß in der Schule!“

Marie blickt erstaunt hinter ihm her.
Woher wusste das fremde Mädchen
denn bloß ihren Namen?

Eine tolle Überraschung

Jetzt muss sich Marie aber beeilen.
Sie will nicht zu spät kommen.

Sie flitzt nur so an den Häusern entlang.
Ihr Ranzen hüpft und rappelt.
Ihr Herz klopft laut.

Endlich – da ist die Schule!

Doch oh weh, der Hof ist leer und still!

Kein einziges Kind ist mehr zu sehen.

Schnell springt Marie die Treppe hinauf

und rennt den langen Flur entlang.

Sie reißt heftig die Tür auf.
Alle Kinder gucken sie neugierig an.
Die Lehrerin steht an der Tafel
und dreht sich kopfschüttelnd um.

Dann sagt sie:
„Schnell auf deinen Platz, Marie!
Und nimm gleich das Schreibheft
aus deinem Ranzen!“

Marie ist sehr froh,
dass Frau Braun nicht schimpft.
Sie setzt sich und öffnet den Ranzen.
Aber wo sind denn bloß ihre Hefte?
Und wo sind ihre Bücher?

Oh Schreck! Aus Maries Ranzen springen lauter grasgrüne Frösche! Die grasgrünen Frösche hüpfen vergnügt über sämtliche Tische und Bänke.

Marie ist vor Schreck wie erstarrt.
Aber die anderen lachen und schreien
und jagen den Fröschen hinterher.

Frau Braun ringt die Hände und ruft:
„Das kann doch nicht wahr sein!
Wo kommen denn nur die Frösche her?“

Marie gibt keine Antwort.
Sie blickt stumm auf den Tisch.
Die Lehrerin macht alle Fenster auf.
Da hüpfen die Frösche quakend hinaus.

Frau Braun atmet auf und sagt:
„So, Kinder, jetzt wollen wir lesen.
Nehmt schnell eure Bücher heraus!“

Marie greift zögernd nach ihrem Ranzen.
Sie hat so ein komisches Gefühl.

Und wirklich –
aus dem Ranzen klettern jetzt
lauter kleine graue Mäuse.
Es sind bestimmt hundert oder mehr!

Die kleinen grauen Mäuse sind süß.
Sie haben schwarze Augen
und rosige Schwänze.

Die Kinder sind ganz begeistert.
Doch Frau Braun reißt nun die Tür auf.
Da huschen die Mäuse hinaus.

Die Lehrerin ist sichtlich erleichtert.
Sie sagt: „Jetzt wollen wir rechnen.
Nehmt schnell eure Hefte heraus!“

Marie sieht ihren Ranzen besorgt an.
Die anderen Kinder gucken herüber
und platzen beinahe vor Neugier.

Und was kommt jetzt?

Endlich fasst sich Marie ein Herz
und macht vorsichtig den Ranzen auf.

Die Klasse jubelt laut wie noch nie.
Aus dem Ranzen kommen diesmal
nämlich viele, viele bunte Bonbons.
Die wirbeln nur so durch die Klasse.

Alle rennen herum und fangen sie auf.
Sogar die Lehrerin macht eifrig mit.
Anscheinend findet sie Bonbons
besser als Frösche und Mäuse.

Zum Schluss lacht sie und sagt:
„Also los, jetzt essen wir Bonbons!
Bedanken könnt ihr euch bei Marie
und ihrem verhexten Ranzen!“

„Au ja!“, rufen die Kinder begeistert.
Marie lächelt still vor sich hin.
Sie weiß, wer den Ranzen verhext hat.

Als kein einziges Bonbon mehr da ist,
klingelt es. Das kommt ja gut aus!
Alle packen zusammen
und rennen hinaus.

Marie hüpft vergnügt am Zaun entlang.
Der Ranzen auf ihrem Rücken hüpft mit.
So hüpfen sie bis zur großen Kreuzung.

Na so was! An der Ampel steht wieder
das Mädchen im langen, bunten Kleid,
das Mädchen ohne Strümpfe und Schuhe!
Aber sein Korb ist jetzt leer.

„Hallo, liebe Marie!“, sagt das Mädchen.
„Wie war's denn heute in der Schule?“

Marie sagt: „Oh, wirklich sehr lustig.
Ich glaube, du weißt schon warum!“

Beide warten, bis die Ampel Grün zeigt.
Dann gehen sie genau wie am Morgen
Hand in Hand über die Straße.

Das Mädchen pfeift auf zwei Fingern.
Da fliegt blitzschnell ein Besen herbei.
Ein spitzer Hut fliegt hinter ihm her.

Sofort setzt das Mädchen den Hut auf
und springt schnell auf den Besen.
Dann ruft es: „Tschüss, liebe Marie!“,
und braust wie der Wind davon.

Marie winkt ihm nach und ruft:
„Vielen Dank, liebe Hexe!
Ich hoffe, wir sehen uns wieder!“

Katja Königsberg war nach ihrem Studium der Germanistik, Anglistik und Kunstgeschichte für verschiedene Verlage tätig. Nach der Geburt ihres Sohnes Leon schrieb sie mehrere Bände für den Leseraben, u. a. die Bücher von „Benjamin Katz“ und „Das Gespenst auf dem Dachboden“. Sie lebt in Köln und arbeitet für einen Hörbuchverlag.

Eigentlich wollte **Stephan Pricken** Lehrer werden, aber dann hat er es sich doch anders überlegt und an der Fachhochschule Münster Grafikdesign studiert. Seit 2004 ist er als freier Illustrator tätig, „Der verhexte Schulranzen“ ist sein erstes Buch für den Leseraben. Wer gerne mehr über Stephan Pricken wissen will, kann ja mal unter www.stephanpricken.de nachsehen. Dort kann man sich auch einen witzigen Stundenplan herunterladen.

Leserätsel

mit dem Leseraben

Super, du hast das ganze Buch geschafft! Hast du die Geschichte ganz genau gelesen? Der Leserabe hat sich ein paar spannende Rätsel für echte Lese-Detektive ausgedacht. Mal sehen, ob du die Fragen beantworten kannst. Wenn nicht, lies einfach noch mal auf den Seiten nach. Wenn du die richtigen Antwortbuchstaben in die Kästchen auf Seite 41 eingesetzt hast, bekommst du das Lösungswort.

Fragen zur Geschichte

1. Wen trifft Marie auf dem Schulweg? (Seite 6)

A: Ein Mädchen mit bunten Schuhen.

S: Ein Mädchen mit einem bunten Kleid.

2. Was macht das fremde Mädchen mit Maries Ranzen, als sie sich verabschieden? (Seite 12)

C: Es berührt ihn mit einer Blume.

K: Es verwandelt den Ranzen in eine Blume.

3. Was passiert als Erstes, nachdem Marie ihren Ranzen geöffnet hat? (Seite 18)

H: Es springen lauter grasgrüne Frösche heraus.

B: Kleine rosarote Mäuse krabbeln heraus.

4. Wohin verschwinden die Frösche? (Seite 20)

P: Sie springen wieder in Maries Ranzen zurück.

U: Sie hüpfen zum Fenster hinaus.

5. Wie sehen die Mäuse aus, die aus Maries Ranzen klettern? (Seite 22/23)

L: Sie sind grau mit rosa Schwänzchen.

D: Sie sind rosa und haben graue Schwänze.

6. Warum jubelt plötzlich die Klasse? (Seite 26)

S: Weil Spielsachen aus dem Ranzen kommen.

B: Weil Bonbons aus dem Ranzen kommen.

7. Wie findet die Lehrerin Frau Braun es, dass jetzt Bonbons aus dem Ranzen kommen? (Seite 27)

T: Sie findet es gar nicht gut, weil man von Bonbons schlechte Zähne bekommt.

A: Sie scheint es gut zu finden, auf jeden Fall mag sie Bonbons lieber als Frösche und Mäuse.

8. Wem begegnet Marie nach der Schule? (Seite 31)

N: Sie begegnet wieder dem Mädchen ohne Strümpfe und Schuhe.

T: Sie begegnet ihrer Lehrerin Frau Braun.

9. Was passiert, als das fremde Mädchen auf den Fingern pfeift? (Seite 34)

U: Es regnet bunte Bonbons vom Himmel.

K: Ein Besen und ein spitzer Hut fliegen herbei.

Lösungswort:

1	2	3	4	5	6	7	8	9

Leserabe

1. Lesestufe

Katja Königsberg

Das lustige Hexen-ABC

Mit Bildern von Wilfried Gebhard

Ravensburger Buchverlag

Hokuspokus Hexenspaß!
Hexen hexen dies und das.
Hexen hexen das und dies.
Hokuspokus, komm und lies!

A

Amanda kriegt abends um acht
Appetit auf Ananas.
Aber ach, sie hat nur einen Apfel.
Also ruft Amanda:
„Abrakadabra!“

Schon wird aus dem Apfel
eine Ananas.
„Ah“, ruft Amanda.
„Abends um acht ist Ananas
angenehmer als Apfel!“

B

Belinda sucht ihren Besen.
Sie braucht ihn unbedingt.
Wo ist bloß der Besen?
Er fiel in den Brunnen.

Die Kröte Berta bringt
Belinda den Zauberstab.
Da hext Belinda den Besen
bald aus dem Brunnen.
Beide brausen davon,
blitzschnell Richtung Blocksberg!

C

Celinchen spielt Cello.
Carlos hört zu.
Das Cello klingt scheußlich.
Aber Celinchen hat Carlos verhext.
„Cooles Konzert!“, sagt Carlos.

D

Zur alten Dörte kommt eine Dame
mit ihrem kranken Dackel.
Dörte hackt dreizehn Kräuter.
Damit macht sie den Dackel gesund.
Der Dackel leckt
Dörte dankbar die Hand.

E

Elisa hat Erdbeeren gepflückt.
Ihr Kater Ede fragt:
„Essen wir endlich?“
Elisa nickt:
„Es gibt erstklassige Erdbeeren!“
„Einfach ekelhaft“, sagt Ede.
„Tschüss Elisa!“

F

Fritzchen Fledermaus klopft
bei Florina ans Fenster.
Florina sagt: „Frühstück ist fertig!“
Fritzchen Fledermaus flattert flink
durchs offene Fenster.
Wie alle Fledermäuse
frühstückt er abends.

Gretel geht in den Wald.
Hänsel geht mit.
Im Gebüsch steht ein Häuschen.
Aber, oh Graus!
Durch die Gardinen guckt
ein grässliches Weib.
Geht nicht hinein, Hänsel und Gretel!

H

Hanna hext Hasen aus ihrem Hut.
Hilfe! Mindestens hundert!
Hör auf, Hanna! Hex nicht so viele!
Hanna ruft: „Hokuspokus!“,
und haucht in den Hut.
Hurra, da ist Schluss mit den Hasen.

I

Der Igel im Garten isst immer und immer
nur Würmer und Schnecken
„Igitt!“, ruft Ilsebill und
nimmt ihren Zauberstab.

„Ich hex dir daraus im Nu
lieber Bonbons und Kekse.“
„Igitt!“, ruft der Igel und
trippelt eilig in seine Höhle.

J

Jelena liebt einen jungen Jäger.
Eines Morgens im Juni
hört sie sein Jagdhorn.
Da hext sich Jelena
den Jäger ins Haus.

Er jubelt:
„Jetzt bleibe ich hier
bis zum Ende des Jahres!“
„Ja, ja“, jauchzt Jelena.
„Je länger, je lieber!“

K

Katinka kocht.
Kerbelsuppe mit Krötenaugen,
Krokodilzunge mit Klößen,
Käferpudding mit Kirschsoße.
Schon kommt Kater Konrad.
„Oh, köstlich!“, ruft er.
„So wie Katinka kocht keine!“

L

Lukas kommt in einen seltsamen Laden.
Im Lehnstuhl sitzt eine Dame
mit roten Locken.
Sie gibt ihm lauter Lakritze.
„Lecker!“, lobt Lukas.
Leicht wie ein Luftballon
fliegt er hinaus.

M

Im Muschelhaus wohnt
die Meerhexe Medusa.
Um Mitternacht kriegt sie Besuch
von einer Muräne und
einem Monster
mit mehreren Armen.
Im Mondschein machen die drei
vor dem Muschelhaus
muntere Spiele.

N

In einer Nebelnacht nimmt Nortrud
neun Tropfen Nesselsaft ein.
Nun wird sie zur Nachteule und
verschwindet im Nebel.
Ach, Nortrud, nimm mich doch mit!
Neun Tropfen Nesselsaft
sind noch übrig.

O

Ole will wissen,
ob Onkel Otto ein Hexer ist.
Ole passt auf.
Eines Morgens kommt Onkel Otto
auf seinem Besen
oben zum Schornstein raus.
Onkel Otto ist also ein Hexer!

P

Tante Pauline schickt Pia
ein Postpaket.
In purpurrotem Papier
liegt ein Panter aus Plüsch.
Plötzlich schnurrt er und macht
einen Purzelbaum aus dem Papier.
Tante Pauline kann prima hexen!

Q

Die alte Querida
geht quer durch den Wald
bis zu einer Quelle.
Dort quakt ein Frosch:
„Ach, hex mir was Lustiges!“
Da hext ihm Querida
eine kleine Mütze
mit Quaste.

R

Rita will ausreiten.
Oh weh, es regnet und regnet!
Rasch holt Rita ihr Zauberbuch
aus dem Regal und ruft:
„Rabrakadabra!“
Es regnet immer noch,
aber jetzt riesige Ratten.

S

Sarah und Susi sausen
auf ihren Besen zur Schule.

Da hexen sie mit ihrer Klasse sofort
supersüße Torten mit Sahne.
Später hexen sie
saumäßig schlechtes Wetter.
Zum Schluss singen sie alle
ein Lied mit sechs Strophen,
sehr schaurig, sehr schön.
Schon ist die Schule aus.
Eigentlich schade!

T

Tamara kocht Tee aus Tollkirschen
für den schönen Timo.

Der war ihr nicht treu.
Timo kommt und setzt sich zu Tisch.
Tamara bringt ihm den Tee.
Timo trinkt eine Tasse.
Am nächsten Tag
ist der schöne Timo
ein hässlicher Truthahn.

U

Unten im Brunnen wohnt eine Unke,
uralt und unglaublich hässlich.
„Uh!“, ruft die Unke.
„Uh, ich will einen Kuss!“

„Na gut!“, sagt Ulrich und
küsst die Unke.
Und guck nur!
Aus der uralten Unke
wird eine Prinzessin,
jung und unglaublich schön.

V

Vor vier Jahren verliebte sich Vera
in einen Vampir.
Doch der machte ihr
nicht viel Vergnügen.
Den Tag verschlief er.

Bei Nacht verschwand er.
Voller Verdruss verwandelte Vera ihn
in eine Vogelspinne
und setzte ihn vor die Tür.

W

Wenn es Nacht wird,
warten die Wölfe auf einem Felsen
über dem Wasserfall.
Oh weh, so viele Wolken am Himmel!
Wo ist der Mond?

Wann kommt die wilde Walburga?
Schnell wie der Wind
wirbelt sie über den Wald
und pustet die Wolken weg.
Wie wunderbar heulen die Wölfe!

X

Xenia kann hexen, sonst gar nix.
Xenias Freund Max hat
schreckliche X-Beine.
Max sagt zu Xenia:
„Hex mir die X-Beine weg!“

Also mixt Xenia für Max
einen Hexentrank.
Fix trinkt Max ihn aus.
Jetzt hat er O-Beine
und keine X-Beine mehr.

Y

Yvonne hat einen Besen,
der sieht aus wie ein Y.
Mal trägt er sie nach New York,
mal nach Yorkshire,
mal auch nach Yokohama –
ganz wie Yvonne will.

Z

Die Blitzhexen Zilli und Zora
zanken sich.
„Zisch ab!“, schreit Zilli.
„Zieh Leine!“, schreit Zora.
Zornig zucken die Blitze.
Zum Schluss sind die zwei
ziemlich erschöpft.
Da halten sie wieder zusammen.

Katja Königsberg war nach ihrem Studium der Germanistik, Anglistik und Kunstgeschichte als Lektorin für verschiedene Verlage tätig. Nach der Geburt ihres Sohnes Leon schrieb sie mehrere Bände für den Leseraben, darunter die Bücher von „Benjamin Katz“ und „Das Gespenst vom Dachboden“. Sie lebt in Köln und arbeitet für einen Hörbuchverlag.

Wilfried Gebhard hat Grafik und bildende Kunst studiert. Danach arbeitete er zunächst in einer Werbeagentur, aber dort waren seiner Fantasie zu viele Grenzen gesetzt: Auf dem Papier entstand ein Cartoon nach dem anderen. Sie erschienen bald in zahlreichen Magazinen und Zeitschriften. Und weil Wilfried Gebhard so viel Spaß daran hatte, zeichnet er nur noch, besonders gerne für Kinder.

Leserätsel

mit dem Leseraben

Super, du hast das ganze Buch geschafft!
Hast du die Geschichten ganz genau gelesen?
Der Leserabe hat sich ein paar spannende
Rätsel für echte Lese-Detektive ausgedacht.
Mal sehen, ob du die Fragen beantworten kannst.
Wenn nicht, lies einfach noch mal
auf den Seiten nach. Wenn du die richtigen
Antwortbuchstaben in die Kästchen auf Seite 42
eingesetzt hast, bekommst du das Lösungswort.

Fragen zu den Geschichten

1. Was hext Amanda aus dem Apfel?
(Seite 4/5)
Z: Eine Ananas.
S: Eine Banane.

2. Wie bedankt sich der Dackel bei Dörte? (Seite 9)

B : Er bellt vergnügt.

U : Er leckt ihr die Hand.

3. Was machen die Muräne und das Monster bei der Meerhexe Medusa? (Seite 20)

F : Sie hören muntere Musik.

B : Sie spielen vor dem Muschelhaus.

4. Warum kann Rita nicht ausreiten? (Seite 25)

J : Weil sie ihren Sattel nicht finden kann.

R : Weil es regnet.

5. Was macht die wilde Walburga mit den Wolken? (Seite 35)

I : Sie pustet sie weg.

L : Sie hext daraus einen bunten Regenbogen.

Lösungswort:

1	A	2	3	E	4	E	5

Leserabe
1. Lesestufe

Amanda Krause

Schulgeschichten

Mit Bildern von Anja Rieger

Ravensburger Buchverlag

Inhalt

Ein Konzert für Jana

„Es klappt“, sagt die Lehrerin.
„Wir machen unseren Schulausflug
ins Spaßbad Nemo.
Jeder von euch muss 20 Euro
für Eintritt und Busfahrt bezahlen!“

Die Schüler der 2d jubeln.

Nur Jana sagt nichts.
„Was hast du denn?“,
fragt Pauline ihre Freundin.

Jana tut so,
als habe sie nichts gehört,
aber Pauline lässt nicht locker.

Da rückt Jana
mit der Sprache heraus:
„Ich kann nicht mitfahren."
„Wieso denn?", fragt Pauline.

„Papa ist doch arbeitslos.
Wir haben kein Geld für so was!",
murmelt Jana.

Pauline kann es nicht fassen.
Jana kann nicht mitfahren?
Das kommt gar nicht infrage!

Aber in ihrer Spardose
sind nur 5 Euro.

Zum Glück hat Pauline eine Idee.
Sie wird mit Sabine und Kati sprechen.

„Gebt ihr ein Konzert mit mir?“,
fragt Pauline auf dem Heimweg.

„Und wieso?“, will Sabine wissen.
„Wir machen Musik und sammeln Geld“, erklärt Pauline. „Dann kann Jana auch mit ins Spaßbad fahren!“

Sabine und Kati
sind sofort einverstanden.

Nachmittags um drei
treffen sie sich vor dem Supermarkt.

Pauline und Sabine
holen ihre Flöten heraus.
Kati packt ihre Gitarre aus.

Auf den Gehweg legen sie
einen Hut und ein Schild.

Erst spielen sie oft falsch.
Trotzdem bleiben Leute stehen.
Das erste Geld klimpert.

Die drei strahlen –
und werden immer besser.

Die Leute klatschen.
Und das Geld im Hut
wird immer mehr.

Als sie zusammenpacken,
zählt Pauline das Geld:
23 Euro und 35 Cent.

„Es reicht“, jubelt Pauline.
„Sogar noch für ein Eis
für uns drei!“

Übung macht den Meister

Valentin ist verzweifelt –
er weiß genau, wie ein P und B
und ein D und T aussehen.
Und schreiben kann er
die Buchstaben auch.

Aber wenn er vorliest,
klingt jedes P wie ein B
und jedes T wie ein D.
Egal, wie sehr er sich anstrengt.
Die anderen Kinder in der Schule
lachen ihn deshalb schon aus!

Valentin will gar nicht mehr vorlesen.
Dabei verschlingt er zu Hause
ein Buch nach dem anderen.

Heute Nachmittag
besucht Valentin seinen Opa.

Opa ist schon alt – sehr alt.
„Liest du mir ein Märchen vor?“,
fragt Opa. „Ich seh doch so schlecht!“

„Märchen sind blöd“, murmelt Valentin.
Opa lacht. „Dann lies mir
eine Geschichte aus dem Lesebuch vor.“

„Keine Lust“, sagt Valentin
und holt die Spielkarten.
„Lass uns lieber Uno spielen!“

Opa schüttelt den Kopf.
„Was ist los mit dir?“

Da bricht es aus Valentin heraus.
„Ich kann das P und das T
einfach nicht aussprechen.
Immer klingt es wie B und D.
Die anderen lachen schon über mich!“

Opa nickt.
„Verstehe, das ging mir genauso.
Und mich hat mein Lehrer
damals sogar dafür bestraft.“

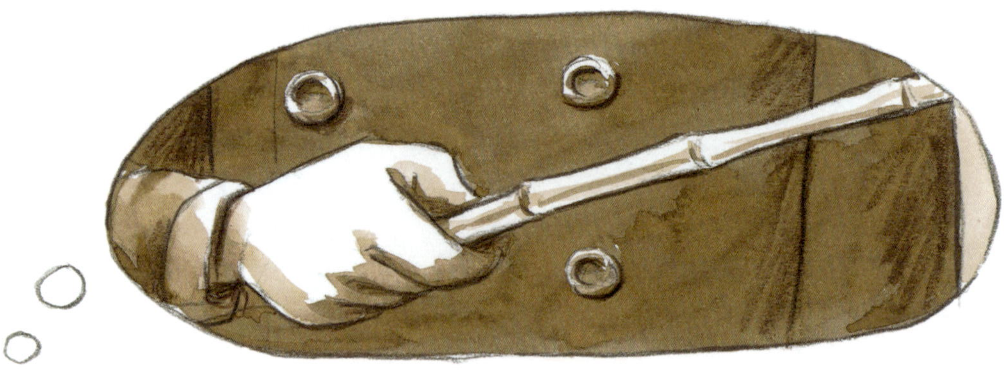

Valentin kann es nicht glauben.
„Ja, früher war in der Schule
vieles anders“, sagt Opa.

„Aber dann habe ich geübt –
und das tun wir jetzt auch!“,
meint Opa und hält sich
ein Blatt Papier vor den Mund.

„Wenn du ein B oder ein D sprichst,
darf sich das Blatt nicht bewegen.
Beim P und T schon!“

Valentin probiert es sofort.
Erst passiert gar nichts.

Aber er gibt nicht auf.
Und plötzlich bewegt sich
das Blatt ein wenig.

Am Ende klappt es prima.
Valentin strahlt. „Danke, Opa,
jetzt weiß ich, wie's geht!"

Der Tierforscher

Henrik ist stolz:
Er ist alleine aufgestanden.
Er hat sich alleine angezogen.

Und er hat sogar alleine
gefrühstückt.
Mama ist heute
nämlich auf Dienstreise.

Alles hat super geklappt –
und jetzt geht's in die Schule.
Henrik öffnet die Haustür.

Vor der Tür sitzt seine Katze Mira –
mit einer Schlange im Maul.
Henrik schreit auf.

Die Katze lässt erschrocken
die Schlange fallen.

Die Schlange kriecht schnell
in die Büsche.

Die Katze faucht und nimmt
die Verfolgung auf.

„Nein“, ruft Henrik
und springt dazwischen.

Jetzt sitzt Henrik in der Klemme:
Eigentlich muss er los in die Schule.
Aber wenn er geht,
stirbt die Schlange.

Ob die Schlange giftig ist?
Henrik holt sein Tierlexikon
aus dem Schulranzen.

Das hat er immer und überall dabei.
Henrik will nämlich
Tierforscher werden.

„Sch“ – wie Schlange!
Dort sind viele Bilder.

Henrik sucht die Schlange,
aber er findet sie nicht.

Henrik blättert weiter.

Was ist das nur für ein Tier?

Hier, das Bild stimmt:

Blindschleiche, nicht giftig.

Sie ist nicht einmal eine Schlange,

sie sieht nur so aus.

Die Katze macht einen Satz.
Aber Henrik ist schneller.

Er packt die Blindschleiche vorsichtig
in den Ranzen und rennt los.

Als er die Tür öffnet,
schaut der Klassenlehrer auf die Uhr.
„Na, Henrik, ausgeschlafen?
Du bist zu spät!“
„Ist nicht meine Schuld“,
sagt Henrik leise.

Die Schüler kichern.
„Und wer ist schuld?“,
fragt der Lehrer.
Henrik greift in den Ranzen
und hält die Blindschleiche hoch.

Die Schüler weichen zurück.
„Eine Schlange“, flüstern sie.
„Die ist doch gefährlich!“

„Nö, das ist nur eine Blindschleiche“,
sagt Henrik. „Völlig ungiftig!
Sie ist eine Echse ohne Beine.
Ich habe sie vor unserer Katze gerettet.“

„Woher weißt du das alles?“,
fragt der Lehrer erstaunt und legt
die Blindschleiche in einen Karton.

„Seite 22 in meinem Tierlexikon“,
sagt Henrik. „Kriege ich jetzt
einen Eintrag ins Klassenbuch?“

Der Klassenlehrer lacht.
„Nein“, sagt er. „Tierforscher
können nicht immer pünktlich sein.
Setz dich!“

Das lässt sich Henrik
nicht zweimal sagen.

Dann fragt der Lehrer:
„Kannst du uns auch sagen,
wo Blindschleichen leben?
Das müssen wir schließlich wissen.
Wir wollen sie nachher
ja wieder aussetzen.“

Klar kann Henrik das!

Amanda Krause hatte nie vor, Kinderbücher zu schreiben. Eigentlich wollte sie wilde Wälder erforschen, unbekannte Tiere entdecken und viele gefährliche Abenteuer bestehen. Aber da sie sich entsetzlich vor Spinnen und Schlangen fürchtet, bleibt sie jetzt doch lieber zu Hause, macht ihre Abenteuerreisen im Kopf und schreibt sie auf …

Anja Rieger, 1961 geboren, hat erst Goldschmiedin gelernt und dann Grafikdesign an der Hochschule der Künste in Berlin studiert. Als es ihr in den Werbeagenturen zu eng wurde, machte sie sich 1993 selbstständig und begann auch Bilderbücher zu illustrieren und zu schreiben. Seitdem schwingt sie mit großer Begeisterung Stift und Pinsel.

Leserätsel

mit dem Leseraben

Super, du hast das ganze Buch geschafft!
Hast du die Geschichten ganz genau gelesen?
Der Leserabe hat sich ein paar spannende
Rätsel für echte Lese-Detektive ausgedacht.
Mal sehen, ob du die Fragen beantworten kannst.
Wenn nicht, lies einfach noch mal
auf den Seiten nach. Wenn du die richtigen
Antwortbuchstaben in die Kästchen auf Seite 42
eingesetzt hast, bekommst du das Lösungswort.

Fragen zu den Geschichten

1. Warum kann Jana nicht mit ins Spaßbad fahren?
(Seite 7)
U: Sie kann nicht schwimmen.
S: Ihr Vater ist arbeitslos.

2. Welche Idee hat Pauline? (Seite 9/10)

C: Sie will ein Konzert geben und Geld für Jana sammeln.

P: Sie will Janas Vater eine Arbeit besorgen.

3. Warum ist Valentin verzweifelt? (Seite 16/17)

L: Er kann die Buchstaben P und T nicht richtig aussprechen.

K: Er hat Angst vor der Schule.

4. Was macht Valentins Opa? (Seite 23)

R: Er spricht mit Valentins Lehrerin.

A: Er übt mit Valentin.

5. Was hat Henriks Katze im Maul? (Seite 32)

O: Eine Maus.

N: Eine Blindschleiche.

Lösungswort:

1	2	H	3	4	5	G	E

Ravensburger Leserabe

Genehmigte Sonderausgabe · Art.-Nr. 98.629
Autoren: Katja Königsberg, Amanda Krause
Illustrationen: Stephan Pricken, Wilfried Gebhard, Anja Rieger
Umschlagillustration: Wilfried Gebhard
Printed in Germany

www.ravensburger.de
www.leserabe.de